Robert de la Sizeranne

Portraits d'Hommes et toiles décoratives aux Salons de 1910

Critique

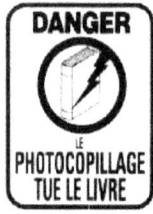
ISBN : 978-1723486234

10 9 8 7 6 5 4 3 2 1

Robert de la Sizeranne

Portraits d'Hommes et toiles décoratives aux Salons de 1910

Critique

Table de Matières

Introduction

Ce qu'on découvre tout d'abord aux Salons de 1910, lorsqu'on y pénètre par la porte de l'avenue d'Antin, ce sont quelques projets de ruines : des femmes coupées en morceaux, des torses sans tête, sans jambes, sans bras, des poitrines sans dos, des dos sans poitrine, — un pied. Tout cela signé des noms des maîtres les plus officiels et les plus vénérables, tels que M. Rodin, et juché à des places d'honneur et dans le meilleur jour possible à la suite de longues et savantes controverses, sous les yeux bénévoles de M. le surintendant des Beaux-Arts et d'une foule ébahie. On se croit transporté en quelque terre lointaine de mission archéologique, à l'exposition publique qui suit des fouilles heureuses. On s'étonne de ne pas voir passer dans le hall clos tuniques flottantes d'Orientaux porteurs de couffins. Et, le premier moment de stupeur passé, l'idée nous vient que ces grands artistes ont voulu procurer aux ignorants que nous sommes les subtiles jouissances réservées jusqu'ici aux seuls archéologues : rassembler une figure éparse, imaginer les bras qui conviendraient à ce torse, chercher la tête qu'il faudrait pour surmonter dignement ces épaules…. De qui est ce pied ? Que tient cette main ? Ce magma est-il un simple éboulis de mur ou n'y saurait-on distinguer quelque galbe de statue ? et d'abord est-ce un homme ou une femme ? Bref, toutes les émotions éprouvées par un Furtwaengler raccommodant le *Sphinx d'Egine* ou un Comparetti expliquant la *Bella Fanciulla d'Anzio*.

Acceptons l'idée que ces Maîtres nous suggèrent. Il n'est peut-être pas inutile, en effet, de se demander parfois ce qu'on pourrait lire dans les œuvres d'art de notre temps, si l'on n'en connaissait, ni le sujet, ni l'auteur, ni enfin, — s'il s'agit d'un portrait, — le modèle. Prenons, par exemple, les grandes compositions décoratives et les portraits d'hommes, c'est-à-dire ce qu'il y a de meilleur aux *Salons* de cette année et tentons sur eux cette expérience. Qu'y verrions-nous si ces figures apparaissaient avec un recul de plusieurs siècles, comme celles qu'on découvre encore quelquefois au fond d'une vieille chapelle d'Italie sous une couche de plâtre ou qu'on conserve pieusement dans un musée, avec cette simple mention : *Portrait d'un inconnu* ou encore *le Chevalier de Malte*, ou encore *l'Homme malade* ? Les toiles que voici diraient-elles le sujet et l'intention de l'artiste, le caractère et la fonction du modèle ? Tâchons d'en juger en appliquant, pour y parvenir d'abord, les simples données du bon sens et ensuite quelques-unes des « bonnes méthodes » historiques qui sont en faveur aujourd'hui.

Section I

Regardons les portraits d'hommes. Je dis « d'hommes » seulement, parce que les portraits de femmes deviennent, d'année en année, moins significatifs. Ils ne sont plus, — hors quelques exceptions qui tiendraient bien toutes dans un fiacre, — ni peints, ni dessinés, ni même installés dans le cadre avec tranquillité. Ils sont une fatigue ou pour le sens de l'équilibre ou pour le sens des couleurs. C'est une fatalité qui domine toute notre école. Constamment le même peintre qui nous montre un excellent portrait d'homme, individuel et solide comme une vérité, expose dans la même salle ou dans la salle à côté, un portrait de femme faux de ton, banal de traits, vague et inconsistant comme un mensonge. Il est curieux aussi de noter la différence d'attitude. Presque tous les portraits de femmes font des gestes en extension. Presque tous les portraits d'hommes font des gestes en flexion. A mesure que les hommes deviennent plus calmes, les femmes deviennent plus agitées. Sans en rechercher, pour le moment, la raison, ni en tirer un diagnostic, interrogeons les figures d'hommes, comme on les interrogera dans quelque deux ou trois cents ans, si elles subsistent encore, et s'il ne subsiste plus ni de titre ni de nom pour les expliquer.

Le titre que M. Jacques Blanche a donné à son double portrait, *Anniversaire* (avenue d'Antin, salle II, n° 120), ne nous aidera pas assez pour nous gêner beaucoup dans notre tentative. Nous ne savons qui sont ce vieux monsieur et cette vieille dame assis l'un près de l'autre sur le moine canapé ; nous pouvons oublier qui est M. Jacques Blanche. Mais nul n'hésitera, aujourd'hui comme dans cent ans, à les identifier ainsi : *École anglaise. Un vieux ménage anglais à la fin du XIXe siècle on an commencement du XXe siècle.* Car cette œuvre, qui comptera parmi les plus belles du maître, n'est pas britannique seulement par sa couleur et sa facture : elle l'est encore par son sentiment. Il y règne un grand silence, il y passe une longue vision. Nous ne la voyons pas, mais nous voyons que ces deux êtres la voient : cela suffit. Ils ont tous deux, selon le mot d'un de leurs poètes :

A countenance in which did meet

Sweet records………

Lui, il voit, en la regardant de tous ses yeux, une autre femme qu'elle, une femme disparue pour nous sous le voile épais des années. Elle, qui ne le regarde pas, suit, dans le vide, la théorie des années écoulées, des rêves réalisés, des rêves détruits, des choses inachevées peut-être… Le titre « anniversaire » se suppose sans peine. Ils sont à l'âge où presque chaque jour devient d'heur ou de malheur « un anniversaire » et chaque anniversaire un palier où l'on s'arrête volontiers pour regarder les degrés de l'« escalier d'or » qu'il faut maintenant descendre… Tout cela nous est dit sans phrase, sans éclat, par les moyens les plus simples et les plus spécifiques de l'art de peindre : le geste juste, l'attitude unique, l'expression spontanée. Et je ne dis rien des harmonies de la couleur, des vigueurs et des splendeurs du métier, qui sont inexprimables ! Le métier disparaît dans la simplicité et la gravité de l'ensemble.

Après cela, il importe bien peu que ce soit ou non de la peinture « anglaise » plutôt que « française » et que voilà une pauvre chicane qu'on ne pensera guère à faire dans deux ou trois cents ans ! » Que le Gascon y aille si le Français n'y peut aller ! » disait l'autre, qui n'était point un si mauvais artiste et qui n'a pas si mal besogné à faire une langue bien française. Qui se plaint aujourd'hui si les Anglais du XVIIIe siècle ont fait de la peinture flamande ? Et puisque aujourd'hui l'on veut que la peinture flamande elle-même soit primitivement dérivée de la française, voilà que M. Jacques Blanche se retrouverait par ce détour dans la ligne de la tradition nationale... Mais ces subtilités n'ont aucun sens. Intéressantes pour tracer l'évolution d'un art, elles sont de nul secours pour en juger. Et les deux portraits que voici, de quelque école qu'ils soient, sont deux portraits de maître.

On dira la même chose, quoique pour de tout autres raisons, devant le portrait de *M. Jean Richepin* par M. Marcel Baschet (Champs-Elysées, salle 3, n° 120). Il n'est pas arrivé souvent, même chez nos meilleurs artistes, que les mains d'un modèle aient été traitées d'un coup de pinceau aussi libre, aussi expérimenté, aussi sûr, sans préparation visible, sans retouche, — en pleine pâte. Le visage et le reste du personnage, la robe de chambre orange, les accessoires, quoique sans doute de facture moins habile, sont d'une égale harmonie et la critique ne saurait trop où mordre. L'attitude enfin, d'une simplicité parfaite et reposée, dit de l'homme tout ce qu'elle peut dire. Aux yeux des érudits de l'avenir, M. Richepin apparaîtra comme un François de Gonzague ou comme un roi Cophetua qui a dépouillé sa carapace de fer, laissé sur son trône la *Vierge de la Victoire* ou la *Mendiante* symbolique et qui songe bourgeoisement aux faits d'armes d'antan et aux anciennes amours. On cherchera vainement parmi les accessoires discrets quelque reste d'armure, quelque blason révélateur, et, comme on ne trouvera rien qui désigne matériellement un chevalier, il n'est pas impossible qu'on propose comme titre : *Un poète*.

C'est sûrement le titre *Un philosophe* et plus spécialement *Un philosophe en observation* qu'on proposera pour mettre sous le portrait d'homme exposé par M. Gabriel Ferrier (Champs-Elysées, salle 18, n° 758). A voir cette tête solide, puissante, réfléchie, on se rappellera certains portraits d'hommes d'un passé plus lointain encore, — tel celui de Coppenol, l'ami de Rembrandt. On imaginera ce que serait de face ce Filippo Maria Visconti dont Pisanello, dans une médaille célèbre, nous a retracé le profil. L'attitude calme et reposée fera un peu songer aussi à M. Berlin. Installé dans une courbe chaise florentine ainsi qu'en un fauteuil d'orchestre, bien rencogné pour voir commodément se dérouler la comédie humaine, les yeux guetteurs, le coin de la lèvre imperceptiblement remonté par un imperceptible sourire, les mains jointes avec tranquillité, le personnage figuré ici donne l'impression d'un spectateur qui suit avec une bonhomie sceptique toutes ces « amusoires de quoy on paist un peuple malmené, » comme dit Montaigne, un sage à qui l'on n'en fait pas accroire et qui du plus loin, selon la savoureuse expression populaire, « vous voit venir… » Ce n'est pas un orateur, — puisqu'il écoute ; ce n'est pas un théoricien, — puisqu'il observe ; ce n'est pas un réformateur, — puisqu'il attend. Un médecin ? Un auteur satirique ?… peut-être. Un philosophe ? sans doute : à coup sûr, un observateur. Car plus on le regarde plus on se sent regardé. D'après le livret, nous voyons que c'est *M. Aynard, député du Rhône et membre de l'Institut.*

« Membre de l'Institut » c'est ce qu'on inscrira aisément sous le portrait de *M. Jean Aicard* par M. Bouchor (Champs-Elysées, salle 37, n° 264) puisqu'il porte l'habit vert. Mais il sera moins clair que c'est d'un membre de l'Académie Française qu'il s'agit. Et les érudits de l'avenir en douteront fort, car ils auront sans doute noté, sur leurs fiches, que les personnages représentés sous cet habit, au XIXe ou au XXe siècle, sont le plus souvent des savants, des artistes, des archéologues, des membres des quatre autres classes de l'Institut, — presque jamais des membres de l'Académie Française. Se rappelant les portraits en habit vert de Gérôme et de M. Détaille, ils décideront peut-être que voici le faciès d'un peintre… Et se tromperont-ils si fort ? Il y a beaucoup de peinture dans *Roi de Camargue* et dans *Maurin des Maures*. Parmi les paysages que les paysagistes ne nous ont jamais fait voir, il faut citer la mystérieuse Camargue, défendue par ses eaux, ses fièvres, ses taureaux, ses moustiques et son soleil, ce désert en pleine France, cette étendue éblouissante et plate faite de sable, de sel, de salicornes, d'arroches, de joncs, de tamaris, où passent des sarcelles, des foulques, des flamants, des castors, — et des mirages. Si nous avons cependant une idée et une idée pittoresque de la Camargue, c'est que des écrivains ont passé par-là et parmi les plus assidus, M. Jean Aicard. Il a été le Fromentin de ce Sahel. On fera donc une très petite erreur, si, sur la foi de son costume, on le prend pour un peintre. Pour qui prendra-t-on *M. Henri de Régnier*, si son portrait dure aussi longtemps que ses vers, sans que l'identification en soit conservée ? L'attitude surprise par M. Cappiello (avenue d'Antin, salle III, n° 220) peut être juste, mais est-elle le moins du monde révélatrice de ce poète, — ou d'un poète ? Personne s'avisera-t-il jamais, en le voyant, qu'il est en présence d'un magicien du verbe et d'un alchimiste du rêve ? Pourquoi l'incommodité de ce pardessus sur son bras et de ce chapeau haut-de-forme à sa main ? Parce qu'on l'a vu ainsi ?… Oh ! sans doute, on a vu Burne Jones prendre le *bus*, Lamartine monter achevai et Victor Hugo danser, mais ni Victor Hugo, ni Burne Jones, ni Lamartine ne se révélaient expressément eux-mêmes dans ces moments-là, précisément dans la mesure où ils étaient tout le monde. Nous entendons bien que ces embellissements désignent un homme moderne, mais précisément, parce qu'ils lui sont communs avec tous ceux de sa génération, ils ne réussissent pas à nous faire voir en cet homme moderne le poète. Et si l'on pense avec raison qu'il ne suffit pas d'affubler un poète, comme on l'eût fait autrefois, de la plume, de la lyre ou du laurier, pour se dispenser de chercher dans ses traits le trait de dissemblance qui le révèle, l'embarrasser d'un haut-de-forme et d'un pardessus ne dispense pas davantage de nous montrer ce trait. Chose curieuse, il n'est pas de poète dont les vers chantent plus souvent dans la mémoire, quand on regarde les œuvres des paysagistes modernes. Il n'est guère possible de voir les *Terres Antiques* de M. René Ménard sans se souvenir des *Jeux rustiques et divins*, ni les effets intimes et recueillis de nos paysagistes crépusculaires, sans se rappeler *Tel qu'en songe*. On songe à M. Henri de Régnier toutes les fois qu'on voit un beau paysage, mais en voyant ce portrait, on n'y songera pas du tout.

Parmi tous les écrivains que nous rencontrons au Salon, un seul est figuré dans l'exercice de ses fonctions, qui sont d'écrire : c'est *M. Pierre de Nolhac*, par M. Henri de Nolbac (avenue d'Antin, salle IV *bis*, n° 956). Mais il écrit de si près et s'applique tant à sa besogne que son portrait n'est déjà plus un portrait, pas plus que la *Dentellière* de Vermeer ou que la *Pianiste* de Franz Hals ne sont des portraits. C'est une scène de genre, d'un ton très fin et d'une facture excellente, où le jour pâle qui éclaire le cabinet du château de Versailles, et les papiers, et les livres entassés, et le buste de Marie-Antoinette, jouent le principal rôle. Et c'est si peu un portrait qu'on reconnaît à peine le modèle et c'est plutôt le profil impérieux de Marie-Antoinette qui, dans l'avenir, identifiera aux yeux des chercheurs la physionomie de son historien.

Le comte Robert de Montesquiou, en son portrait par M. Laszlo (Champs-Elysées, salle 9, n° H20) n'écrit pas. Il a pris cette attitude du front appuyé sur la main, l'œil au ciel qui, de temps immémorial, annonce qu'on va se mettre à penser. Elle n'est pas arbitraire. Les simples la prennent comme les raffinés, et même moins un penseur est accoutumé de penser, plus il l'exagère. C'est pour cela que celui de M. Rodin, quoique excessif, n'est pas du tout faux. Il semble que la tête, soudainement plus lourde quand elle s'emplit de songes, demande un étai ; la main le lui fournit en remontant vers elle, ou plutôt tous les membres, d'instinct, se replient et se rapprochent du « chef » au moment où il tient conseil. Dans le portrait de M. Laszlo, le poète pense, mais il pense avec nonchalance. Il ne se ramasse pas comme le *Penseur*, ou le *Pensieroso*, ou le *Docteur* de Luke Fildes. On sent qu'il n'accorde pas plus d'importance qu'il ne convient aux frivolités de la méditation. Il pense en grand seigneur.

En contraste avec ce geste de la pensée, regardons celui de *M. Isidore Leroy* (Champs-Elysées, salle 13, n° 238). Si un portrait au repos peut suggérer l'idée d'un homme d'action, c'est celui-ci. Il est dû à un petit jeune homme qui, voici aujourd'hui soixante ans, exposait à Madrid des tableaux qui attiraient, déjà, l'attention. Ce petit jeune homme s'appelait Bonnat. Il expose, cette année encore, deux portraits, après avoir, durant soixante ans, établi l'indice signalétique de nos savants, de nos ingénieurs, de nos négociants, de tous ceux qui nous ont agencé ce que M. d'Avenel appelle le « Mécanisme de la Vie moderne. » M. Bonnat semble par un décret nominatif de la Providence avoir été institué le portraitiste des hommes d'action.

Le portraitiste des hommes de science, c'est le peintre anglais. Chez lui, dès que le métier ne fait pas absolument défaut, le portraitiste est excellent. Cela se comprend du reste. L'Anglais intellectuel est, par force, le plus observateur des hommes. Car toute l'industrie d'un Anglais de bonne race est de maîtriser ses impulsions et de cacher ses impressions. Toute l'industrie de son historiographe est donc de les pénétrer. C'est un duel continuel entre gens qui se couvrent d'un masque de fer et gens qui guettent la moindre fente par où une tranche du visage filtrera, — duel silencieux, immobile, inavoué, où les victoires sont certains romans et certains portraits fouillés comme des réquisitoires. Regardons le portrait exposé par M. Frank Craig, aux Champs-Elysées (salle 7, n° 535). Une admirable apparition à la façon de Whistler, une vieille tête dans l'ombre, une forme humaine vêtue de noir, un col blanc peut-être avec quelque chose de rouge tirant le cou en arrière comme une garotte et quelque chose de brillant filtrant, çà et là, entre les plis de la robe noire, comme une armure… Ce n'est point, là, l'Anglais gras et fleuri de la Vieille Angleterre, le chasseur au renard ou aux grouses, le marin que Raeburn et Millais nous ont montré avec une splendeur de victuaille : c'est un monsieur sec et navré, sombre, fatal. A son teint, cela ne nous étonnerait point qu'il ait longtemps résidé aux Indes ; à sa tristesse, qu'il ait beaucoup pénétré les âmes ; à la fatigue de ses paupières, qu'il ait beaucoup lu. Et si quelqu'un vient nous dire qu'il y a dans ces deux Salons, parmi les 4 927 tableaux ou dessins qu'ils contiennent, le portrait d'un homme qui a passé sa vie à juger, à négocier dans des pays qui s'appellent Bombay, Kattyvar, ou Birma, à sonder les visages humains de toutes les couleurs et à tâter les âmes de toutes les étoffes, qui a traversé le Bouddhisme, qui a traduit la loi birmane de Manou, et qui a expliqué le code du roi Wagaru, — en un mot qu'il y a ici le *Portrait de Sir John Jardine*, — je crois bien qu'on y mettrait le temps, mais on parviendrait tout de même à l'identifier.

Tout aussi fortement caractérisé est le portrait d'homme à lunettes, en robe rouge doublée de vert, assis dans son fauteuil, que M. Cope expose aux Champs-Elysées (salle 23, n° 510). Même sans sa robe universitaire et l'instrument de physique placé à côté de lui, les chercheurs de l'avenir reconnaîtraient en lui un savant, et non un savant de mots, mais un savant de faits. Son poing solide ramené sous le menton soutient une mâchoire d'homme patient. Il a le regard appuyé de l'observateur, le regard qui se fixe sur une seule chose à la fois et une chose de la Terre, les lèvres serrées du silencieux. Phénomènes physiques ou chimiques, faits ou formes d'histoire naturelle, nous ne devinons pas l'objet de l'observation, mais nous voyons très bien l'observateur même, et non l'observateur amusé à la façon de Montaigne, — comme dans le portrait de M. Aynurd, — mais l'observateur de profession comme dans le portrait que M. Bonnat fit jadis de Taine. Et nous ne nous trompons guère puisque voilà *M. William Mitchinson Hicks*, principal et professeur à l'*University College* de Sheffield.

Ainsi, plusieurs portraits d'hommes et précisément les meilleurs au point de vue purement *peintre*, racontent d'eux-mêmes, leurs modèles aux *Salons* de 1910.

Section II

Les grandes toiles décoratives disent-elles aussi clairement leur sujet et si leurs titres et « papiers d'identité » viennent jamais à se perdre, les critiques de l'avenir y verront-ils bien les mêmes choses que nous ? C'est une question fort douteuse quand on regarde des panneaux comme ceux de M. La Touche, de M. Aman-Jean et de M. Simon. Et il est fort à craindre que les historiens d'art ne s'embrouillent merveilleusement s'ils veulent jamais expliquer, selon leur méthode, c'est-à-dire d'une façon rationnelle, ce qui, en dehors de la logique des formes et des couleurs, est parfaitement irrationnel et inexplicable. Regardons par exemple (avenue d'Antin, salles VI et VII), les admirables compositions de M. La Touche, quatre panneaux destinés aux salons du Ministère de la Justice, intitulés : *le Peintre, le Poète, le Sculpteur et le Musicien*.

Le Peintre : — Ce sont des cygnes et des ruissellements d'eau qui les douchent, une haute tige d'eau qui ne peut retenir ses pétales liquides et les laisse s'effeuiller au vent, et un dos de femme nue qui s'y baigne et du soleil qui les irise et des reflets qui flamboient et une vasque drapée d'une nappe d'eau qui s'effiloche et des franges d'eau qui tombent jusqu'au bassin dans un fourmillement de perles et de hauts feuillages qui jaunissent en cascades suspendues… Et, derrière tout cela, il y a peut-être bien un gazon et, sur ce gazon, un chevalet dressé et derrière ce chevalet, un porteur de palette, au feutre artiste, entouré de jolies personnes qui grignotent des pastèques, — mais qui s'en soucie ? Tout cela est incompréhensible, inexplicable, injustifiable, — et délicieux.

Le Poète : — Ce sont des cygnes et une barque qui passe sous l'arche d'un vieux pont et un effondrement de vigne vierge écarlate et une dégringolade d'Amours roses, et au loin dans la lunette du pont, des prairies radieuses où galope un Centaure, selon toutes les règles observées par la chronophotographie pour le quatrième temps du galop. Et dans cette barque, il y a les bras musculeux et tatoués d'un pêcheur qui tire un filet et les épaules nues d'une femme assise et de petits faunes en fan s et un jeune homme moderne qui tient un livre jaune. Et peut-être bien ce jeune homme est-il un poète, car il est amoureux. Il fait peut-être de mauvais vers, mais la femme est jolie. Peut-être ne lui dressera-t-on jamais un arc de triomphe, mais quel arc de triomphe vaut, à vingt ans, l'arche du pont où l'on passe en bateau, avec une femme aimée, un livre aimé, — deux illusions où l'on croit trouver deux mondes ! — à l'heure où les vents d'automne dilapident sur les tapis de gazon l'or pâle des acacias, et incendient la forêt des flammèches rouges île la vigne vierge…

Le Sculpteur : — Ce sont des cygnes, et un dos nu de femme juchée sur les bâtons d'un échafaudage et un grand vase de marbre blanc et une couronne de feuillage doré autour d'un ciel bleu et, au-dessous de tout cela, des gazons avec un berger accroupi qui joue de la syrinx et des femmes nues qui respirent le soleil. Et, près du marbre blanc, il y a un vieil homme en blouse blanche perché sur l'échafaudage, et c'est peut-être un sculpteur, car le sculpteur nous paraît toujours vieux, travaillant une matière éternelle, et peut-être laboure-t-il son marbre à la ressemblance de la dame insouciante et incongrue qui perche sur son bâton comme un oiseau sur l'appui d'une fenêtre, au haut des toits. Mais qu'importe ?

Et le *Musicien* : — Ce sont des cygnes qui flottent dans les reflets d'or du soir et dans les reflets rouges d'une robe somptueuse et c'est, sur le gazon, cette robe elle-même montant jusqu'à l'épaule nue d'une femme qu'entraîne un jeune homme, vers une haute porte cintrée, par un perron de marches moussues et fleuries, et c'est, enfin, un salon entrevu par cette porte et l'ombre chinoise d'un pianiste abaissant des mains bénissantes sur un clavier à contre-jour… Les cygnes président à toutes ces rencontres d'humanité, de nature, de jeunesse et d'amour, comme de petits dieux familiers et domestiques. C'est eux peut-être qui ont amené des rives lointaines tous ces falots personnages et vont les remmener quand nous leur demanderons leur nom… Quel symbolisme pour tous ceux qui se souviendront de Lohengrin ! Quelle mine pour les commentateurs ! A soupeser les volumes entiers de gloses qu'inspire encore aujourd'hui le *Printemps* de Botticelli, combien de cervelles mettront en déroute ces quatre panneaux de M. La Touche ! Jamais historien d'art s'avisera-t-il qu'un chef-d'œuvre, plastique ou pittoresque, se justifie par des raisons pittoresques ou plastiques, et que le peintre met ensemble des cygnes, des marbres, des vasques, des jets d'eau, des visages, des feuilles d'automne, des pastèques, des soies, des velours et du soleil sans intention, sans parti pris, sans raison, comme une femme met ensemble des fleurs, parce qu'elles sont belles, et notre mémoire des souvenirs, parce qu'ils sont précieux ?

Comme cette explication ne satisfera nullement les érudits

de l'avenir, — ou ils auraient bien changé, — ils en trouveront quelque autre. « Pourquoi ces cygnes ? se demanderont-ils. Qu'est-ce qu'un animal mis sans raison toujours près de la bordure du tableau, sinon une signature ? C'est une arme parlante, ce qu'est au bas des dessins d'un autre artiste du XXe siècle, Walter Crane, la grue ou le soleil sous les dessins d'un certain Lewis Day qui vivait au même moment, ou enfin le papillon au coin des toiles d'un certain Butterfly, surnommé le « Whistler, » à cause de l'extrême finesse et de la modulation de sa couleur dont on dirait qu'elle chuchote… Ici, l'animal qu'on appelle cygne est sans doute mis pour figurer le nom d'un artiste qui s'appelait Lesigne ou Swan ou Schwan. Précisément, nous savons qu'au même temps dessinait un symboliste de grand talent, nommé Schwan, qu'on lit, d'après quelques corruptions de langage, Schwabe. Nous n'avons rien conservé de lui, mais justement il y a beaucoup de symbolisme dans ces quatre toiles représentant *les Plaisirs de la campagne* et où tout le monde s'accorde à voir : *le Bain, la Pêche, la Gymnastique* et *le Bal*. Est-il excessif de les attribuer à ce Schwan ? Nous avons, il est vrai, un *Guide de Paris*, du temps, disant : « Au ministère de la Justice, place Vendôme, quatre panneaux décoratifs remarquables par La Touche » et quelques-uns ont voulu voir dans ces deux derniers mots un nom propre : le nom du peintre. Mais qui ne voit que ce « remarquables par La Touche » est une appréciation très justifiée par la beauté de ces toiles et veut dire : « remarquables par la façon dont la couleur est posée, par le faire du pinceau. » « Ce n'est presque, tant le cadre est petit, qu'une *touche* blanche, » dit d'un tableau un écrivain d'art célèbre au XIXe siècle, Théophile Gautier. Et on lit dans Fromentin cette phrase sur Rubens : « Il n'y a pas un seul détail, petit ou grand, qui ne soit instantanément rendu par une *touche* heureuse. » De toute évidence, ces mots désignent une qualité de l'œuvre et non point du tout le nom de son auteur. Ils ne nous éclairent en rien sur son attribution, tandis que le nom de Schwan nous est imposé par la présence, inexplicable autrement, d'un cygne au bord de chaque tableau… »

Ainsi, les intentions des peintres ne sont un mystère que pour leurs contemporains. Il suffit que quelque deux cents ou trois cents ans passent pour que l'ingéniosité des archéologues les démêle. C'est ce qui arrivera, sans aucun doute, pour le grand panneau exposé par M. Aman-Jean sous ce titre *La Collation* (avenue d'Antin, salle IV *bis*, n° 14). Un paysage rosâtre, bleuâtre, verdâtre et violacé, une réunion de femmes gracieuses, tristes, presque sans corps, sans paroles, autour de fruits posés sur l'herbe. Elles ont l'air pénétré et ennuyé de gens qui accomplissent un rite nécessaire et qui attendent que ce soit fini. Nous n'y comprenons rien, mais les archéologues le comprendront tout de suite : c'est une « consécration. » Le mot « collation, » qui est au-dessous, sera tenu pour une mauvaise lecture. C'est « consécration » qu'il faudra lire, une consécration à la manière antique. L'Anthologie est pleine de textes qui s'y ajustent. En voici un attribué à Zonas : « *Cette grenade qui vient de s'entrouvrir, ce coing velouté, cette figue à la peau ridée avec son ombilic et sa queue, cette grappe pourprée au jus enivrant, aux grains sans nombre, cette noix dépouillée de sa verte écale, tous ces fruits, l'horticulteur les consacre au Dieu des jardins.* » Quoi de plus clair ? Les gens réunis ici ont renouvelé, en plein XXe siècle, un rite des temps antiques. Le subtil poète qui les a peints, Aman-Jean, les a peints très peu pour bien nous faire entendre que cela se passait loin de son temps dans une civilisation effacée. Ces personnes portent des écharpes comme des étoles ; celle qui semble préposée à la garde des offrandes, et qui est sans doute la prêtresse, a un costume particulier, comme une souple chasuble blanche sur une robe noire. Aucune ne se permet de toucher aux fruits consacrés au Dieu. Elles attendent qu'il vienne les prendre. Les grandes compositions historiques se passent plus aisément de ces savantes exégèses. Et il ne paraît pas qu'on puisse discuter beaucoup dans l'avenir sur le sujet des deux principales qu'on admire aux Champs-Elysées : *Les Funérailles du général Damrémont* et la *Prise de Yorktown*, mais on pourra longuement discuter leur attribution. Pour peu qu'on ait conservé le souvenir des faits qu'elles retracent, leurs sujets s'identifient tout seuls.

L'immense tableau exposé par M. Détaille (salle 17, n° 647) représente le service funèbre du général Damrémont commandant en chef de l'armée d'Afrique, qui fut tué à la veille de l'assaut de Constantine, coupé par un boulet tandis qu'il causait avec le duc de Nemours. Nous sommes au lendemain de l'assaut, le 18 octobre 1837. La ville est prise. C'est l'instant de l'élévation. Sur un monticule fait de sacs de terre, au-dessus d'un autel fait de tambours, sous une grande croix faite de madriers attachés à la hâte, le prêtre, sans chasuble, sans surplis, sans manipule, engoncé dans sa soutane noire devenue grise d'usure et de poussière, élève l'hostie. Il l'élève de tous ses bras dans le ciel musulman qu'il annexe au Christianisme. Les canons tonnent, les tambours battent, les drapeaux s'abaissent, les zouaves mettent genou en terre, portant la main à leurs turbans verts, sous la haie pointue des baïonnettes, saluant le Dieu des vainqueurs. Un nuage blanc flotte produit par la poudre, cet encens des batailles. Au-delà, derrière tout ce monde, étagées comme des spectateurs fantômes sur l'espèce de moraine de décombres, de pierrailles, de terres glissées, qui s'écoulent de la brèche faite aux remparts de Constantine, les formes blanches des Arabes impassibles, enveloppés de burnous, de silence, de fatalisme. Au-dessus d'eux enfin, montant bien haut dans le ciel, les maisons de la ville prise, la caserne des Janissaires, et ce minaret blanc d'où pleuvaient sur nos soldats, hier encore, les feux d'un double étage de combattants, éteint maintenant, semblable à une cheminée d'usine. Et, à mi-chemin, entre la croix proche et le minaret lointain, planté dans la terre de Constantine, le drapeau tricolore qui n'en sera plus arraché.

Ce n'est point, là, une mise en scène imaginée par le peintre, un jeu d'antithèses choisies. Les choses étaient ainsi. Un croquis du prince de Joinville, pris le jour même d'après nature, en fait foi. Ce que le peintre a dû imaginer, ce sont seulement les dos, les trois quarts et les profils perdus des gens de l'état-major, groupés au premier plan, là, contre nous, au bord du cadre, et qui suivent, avec une attention plus ou moins distraite-la cérémonie. ce qui est son œuvre — et ce qui est un chef-d'œuvre, — c'est l'articulation souple, naturelle, aisée de ce corps collectif uni par un même esprit, l'esprit de corps, et différencié par les mille sentiments particuliers qui en caractérisent chaque membre : la détermination froide et pincée d'un Valée, la méditation juvénile d'un Nemours, ou l'émotion d'un Joinville, l'entrain héroïque d'un Canrobert, la superbe inattention d'un Lebœuf, la gravité triste d'un Niel, la gravité hautaine d'un Saint-Arnaud, la correction effacée d'un Mac Mahon, la componction pensive des deux vieux généraux Rohault de Fleury et de Caraman, enfin l'absence totale d'émotion ou de pensée chez quelques autres, les physionomies devenant de plus en plus distraites à mesure qu'elles s'éloignent plus de l'autel et qu'elles se sentent moins observées : toutes confondues dans un même sentiment : la fierté résignée de gens qui ont fait hier des choses plus grandes qu'eux et qui accomplissent aujourd'hui une petite corvée.

Tous ces gens vivent, sont solidement bâtis, obstruent le passage, pèsent de tout leur poids sur la terre conquise, font le geste de leur profession, de leur humeur et de leur machine osseuse, ces des voûtés par le respect ou ces tailles sanglées par le ceinturon ou ces bras appuyés aux sabres courbes, ont la vérité objective et particulière de choses faites d'après nature. Ce capitaine de chasseurs d'Afrique, Morris, s'appuie réellement sur son sabre ; cet adjudant-major, Canrobert, croise réellement les bras ; ces zouaves et ces soldats de l'infanterie légère sont réellement accroupis, un peu maladroitement, les uns dégagés, les autres empêtrés dans leurs capotes, faisant tous le même geste commandé par la discipline, chacun avec un mouvement différent, commandé par sa myologie. Pas un ne ressemble absolument à son voisin. On sent les ressorts de la machine humaine qui se tendent ou se contractent sous le vêtement plein de muscles. Il y a une minutieuse exactitude d'accessoires, de galons, de boutons, de hausse-cols, de ceinturons, mais perdue dans l'effet général, estompée par la poussière du désert, effacée par l'usure des années. Ces dolmans, ces tuniques, ces képis, ont été réellement portés, plissés, froissés, cabossés, selon le personnage qu'ils ont accommodé et les intempéries qu'ils ont subies. A les voir, on sent :

De quel éclat brillaient dans la bataille

Ces habits bleus par la victoire usés.

Le peintre a été bien inspiré dans le choix de son épisode. Dans ce' moment précis de la messe que l'Eglise appelle de ce beau mot : l'*Élévation*, on sent la présence d'un grand mystère : le mystère du sacrifice ; on vit une minute rare et poignante : une de ces minutes où paraît, au-dessus de toutes les petitesses individuelles des héros, le visage même de l'héroïsme, et par-delà les mesquines foules qui la composent, l'âme de la patrie.

A qui attribuera-t-on ce tableau dans l'avenir ? On y reconnaîtra sûrement des portraits, aussi sûrement que nous en reconnaissons dans les fresques du Carminé ou de Santa Maria Novella, et comme ces portraits ne sont pas tous ceux d'officiers contemporains du peintre, il est infiniment possible qu'on écrive ceci : « L'œuvre la plus importante d'Horace Vernet est la suite de ses compositions sur la prise de Constantine, survenue du temps même de l'artiste en 1837. Elle comprend cinq toiles d'inégales dimensions qui retracent toutes les phases de cet épisode fameux de la conquête de l'Algérie au XIXe siècle : *les Kabyles repoussés des hauteurs de Coudiat-*

Ati, les Colonnes d'assaut se mettant en mouvement, l'Attaque de la porte du Marché, la Prise de Constantine, et enfin *les Funérailles du général Damrémont tué à l'ennemi*. Quelques critiques, il est vrai, attribuent ce dernier morceau à un autre peintre militaire, qui vécut longtemps après et qui peignit des épisodes de la guerre de 1870, Détaille. Mais cette attribution ne saurait se soutenir. En effet, il n'y a aucune raison pour qu'en pleine République on ait eu l'idée de commémorer ce fait glorieux pour la monarchie, alors qu'on n'avait pas l'idée de glorifier les faits d'armes de la République elle-même ; car pas une toile retraçant les victoires du Tonkin, du Maroc ou de Madagascar n'est parvenue jusqu'à nous, et nous ne trouvons, dans aucun témoignage contemporain, trace que ces campagnes, qui ont donné un monde colonial à la France, aient inspiré aucun peintre. De plus, il est visible, et des documents de l'époque nous confirment, que les personnages groupés ici sont des portraits. Parmi ceux-ci, on reconnaît le général Valée, qui est le personnage debout, de profil, rasé, avec une ceinture d'où pendent de longs glands, et le capitaine de la légion étrangère, de Saint-Arnaud, dont on ne voit que la tête, exactement au-dessus de la tête de l'adjudant-major Canrobert. Or le général Valée est mort maréchal de France en 1846. Le capitaine de Saint-Arnaud est mort, en Crimée, maréchal de France en 1854, — et le peintre Détaille, auquel on attribue ridiculement ce tableau, est né en 1848. Il n'a donc pu retracer, avec cette individualité saisissante, ces figures qu'au contraire Horace Vernet a connues et qu'il a pu faire poser dans son atelier. On dit, il est vrai, pour lui attribuer cette œuvre, et la distinguer de la suite de celles d'Horace Vernet, qu'elle leur est fort supérieure pour la qualité des couleurs et pour le naturel des attitudes. Mais ce sont là des considérations purement esthétiques, c'est-à-dire sentimentales et dont la critique moderne ne tient plus heureusement aucun compte, lorsqu'elle se trouve en présence des faits et des dates de l'histoire, qui est une science. »

Si, au contraire, triomphe un jour l'identification par l'analogie des traits particuliers au dessin de chaque maître, c'est par de tout autres considérations qu'on pourra dénier à M. Jean-Paul Laurens la paternité de la *Reddition de Yorktown*, destinée au Palais de Justice de Baltimore (Champs-Elysées, salle 16, n° 1125). Regardons les soldats de M. Jean-Paul Laurens. On vient de les sortir d'une boîte et de les ranger bien proprement, sur une prairie bien ratissée, sous un ciel bien lavé. Nous assistons au dernier grand fait de la guerre d'indépendance américaine, le 9 octobre 1781, au coup de ciseau qui a tranché les derniers liens unissant le nouveau peuple anglo-saxon à la mère patrie. Voici, d'abord, les huit mille quatre cents hommes de lord Cornwallis immobiles comme un champ d'épis, d'épis rouges. Voici, ensuite, dans le coin de droite, les casques à chenille des chasseurs français étagés en rangs bien alignés comme des salades, puis, çà et là, les lampions des cavaliers, les bourses et les catogans des cheveux blancs de poudre. Voilà, enfin, la longue figure du grand Américain, Washington, à cheval, se penchant un peu en avant pour recevoir l'épée que lui tend le général anglais. A sa droite, un peu en arrière, nous reconnaissons la France : le comte de Rochambeau, à cheval en costume de maréchal ou d'amiral, portant déjà le cordon bleu, en habit bleu et veste rouge bordés *à la Bourgogne*. Il semble, aux drapeaux, qu'il y a ici trois peuples, mais au fond il n'y en a que deux : les Anglo-Saxons, gens qui savent pourquoi ils sont ici, — et les Français qui n'en savent rien : tous d'ailleurs, gens de qualité, bien nourris, tirés à quatre épingles, et fort préoccupés de faire paraître, dans les paysages et les guerres du Nouveau monde, les élégances, les manières et les politesses exquises de l'Ancien.

Mais dans tout cela, où est M. Jean-Paul Laurens ? Quelle analogie y a-t-il entre les œuvres anciennes de ce maître et cette estampe du XVIIIe siècle, à la façon de Moreau le Jeune ? Pour que l'illusion soit plus complète, les soldats de l'armée anglaise, les soldats habillés de rouge, ont jusqu'à onze têtes de hauteur comme ceux de Gravelot. Si les critiques de l'avenir ne veulent pas se résoudre à admettre qu'un artiste peut se divertir à essayer des genres et des styles très différents, ils écriront très bien ceci : « Au Palais de Justice de Baltimore, une très ancienne décoration représentant la prise de Yorktown, œuvre d'un Français du XVIIIe siècle, dont le nom malheureusement n'a pu être retrouvé. Quelques-uns l'attribuent à Blarenberghe, mais il paraît difficile que ce maître, connu seulement par des œuvres microscopiques conservées au Musée de Versailles, ait produit cette décoration considérable. D'autres l'attribuent à Jean-Paul Laurens, l'auteur de la belle *Mort de sainte Geneviève* qui est au Panthéon de Paris, mais cela ne soutient pas l'examen. D'abord, il n'y a aucun rapport entre la couleur sombre et les larges gestes enveloppants du Panthéon et les couleurs gaies et crues et les gestes raides de Baltimore. Ensuite les figures de *la Reddition de Yorktown* ont presque toutes onze têtes. Or les figures de Jean-Paul Laurens, dans la seule œuvre qui nous soit restée de ce grand artiste, *la Mort de sainte Geneviève*, n'ont généralement que la taille normale, de sept têtes et demie à huit têtes. Il est donc tout à fait impossible que ces personnages soient de la même main. Longtemps on a identifié les œuvres d'art sans prendre garde à ces dissemblances, mais maintenant les sûres méthodes de la critique américaine ne nous permettent pas de tomber dans de telles erreurs… »

L'archéologie appliquée aux toiles contemporaines s'exprimerait-elle ainsi ? Ce n'est pas certain, mais c'est possible.

ISBN : 978-1723486234